उठो उठो !

पत्ती डोलीं,
चिड़ियाँ बोलीं,
हुआ सवेरा, उठो उठो!

छाई लाली,
अहा निराली
मिटा अँधेरा, उठो उठो!

आलस त्यागो,
प्यारे जागो,
आँखें खोलो, उठो उठो!

देखो झाँकी,
भारत माँ की,
जय जय बोलो, उठो उठो!

प्रार्थना

दीजिए ध्यान,
दीजिए ध्यान,
इधर भी तनिक दीजिए ध्यान।
हमारे परमपिता भगवान !

हरो अज्ञान,
हरो अज्ञान,
हमारा हरो सकल अज्ञान।
भलाई का जिसमें हो ज्ञान।

बताओ राह,
बताओ राह,
बताओ हमको सच्ची राह।
यही है एक हृदय में चाह।

करें कुछ काम,
करें कुछ काम,
करें हम भी कुछ ऐसा काम।
अमर हो जावे जग में नाम।

पतझड़

पेड़ों से सब पत्ते झड़ झड़
पृथ्वी पर गिरते हैं खड़ खड़।

देखो कैसा मचता भड़-भड़,
आया पतझड़, आया पतझड़।

पत्ते नज़र नहीं अब आते,
पेड़ ठूँठ से सब दिखलाते।

यह किसने मचा दिया गड़बड़,
आया पतझड़, आया पतझड़।

है भरभूजे को मज़ा बड़ा!
पत्ते समेटता खड़ा खड़ा।

अब भार जल सकेगा हड़बड़,
आया पतझड़, आया पतझड़

बसन्त

बसन्त आया, बसन्त आया,
नये नये फूलों को लाया।
गेंदा और गुलाब चमेली,
फूल रही जूही अलबेली।

देखो आमों की हरियाली,
डोल रही है डाली डाली।
बौर महकती प्यारी प्यारी,
कोयल कूक रही है न्यारी!

रात और दिन हुए बराबर,
सोते लोग निकल कर बाहर।
जाड़ा बिलकुल ही न सताता,
मज़ा नहाने में है आता।

गरमी

देखो बच्चो गरमी आई,
धूप कड़ाके की है छाई।
गरम हवा ज़ोरों से चलती,
पैरों में है भुलभुल जलती।

रात हुई छोटी, दिन भारी,
दिन में सोते हैं नर-नारी।
तन से बहुत पसीना बहता,
पंखा चलने से सुख मिलता।

भूख नहीं लगती है ज्यादा,
थोड़े ही में पेट अघाता।
बरफ बहुत ही मन को भाती
शरबत से ठण्डाती छाती।

सड़कों में पौंसरे दिखाते,
पाण्डे जी जल खूब पिलाते।
फिर से प्यास लगी है भाई,
चलो पियें पानी सुखदाई।

आमों का गीत

अब भर भर आने लगे आम।
सब ले ले खाने लगे आम।

रुपये में मिलते बीस बीस,
रुपये में मिलते तीस तीस,

अब घर घर जाने लगे आम।
अब भर भर आने लगे आम।

ये मीठे, उठते महक महक,
हैं लोग देखते बहक बहक,

दिल को ललचाने लगे आम।
अब भर भर आने लगे आम।

बूढ़े आये, बच्चे आये,
हो गये खड़े सब मुँह बाये,

सबको तरसाने लगे आम।
अब भर भर आने लगे आम।

आते मण्डी में ढेर ढेर,
देशी, लँगड़ा हैं कई मेर,

हैं रंग जमाने लगे आम।
अब भर भर आने लगे आम।

अंगूर, संतरा, खरबूजा,
कोई न ले रहा तरबूजा,

सबको शरमाने लगे आम।
अब भर भर आने लगे आम।

सब खाते हैं ले ले बहार,
मुँह डाल चूसते बार बार,

मन पेट अघाने लगे आम।
अब भर भर आने लगे आम।

खा आम, मज़े में दूध पियो,
बलवान बनो, सौ बरस जियो,

सब काम बनाने लगे आम।
अब भर भर आने लगे आम।

चिड़ियाँ

रोज़ सबेरे आतीं चिड़ियाँ!
चूँ चूँ चूँ गातीं चिड़ियाँ!
चहल पहल कर जातीं चिड़ियाँ!
सुख से घर भर जातीं चिड़ियाँ!

पेड़ों पर चढ़ जातीं चिड़ियाँ!
फुनगी पर बढ़ जातीं चिड़ियाँ!
देखो, नहीं दिखातीं चिड़ियाँ!
क्या ही खेल मचातीं चिड़ियाँ!

जल में खूब नहातीं चिड़ियाँ!
जल में डूब नहातीं चिड़ियाँ!
क्या ही खुश दिखलाती चिड़ियाँ!
जब पर खोल नहातीं चिड़ियाँ!

दूर दूर तक जातीं चिड़ियाँ!
खाना दाना लातीं चिड़ियाँ!
कुतर कुतर फल खातीं चिड़ियाँ!
स्वाद बड़ा ही पातीं चिड़ियाँ!

चुन-चुनकर तिन लातीं चिड़ियाँ!
रच रच नीड़ बनातीं चिड़ियाँ!
चतुराई दिखलातीं चिड़ियाँ!
सुखदाई दिखलातीं चिड़ियाँ!

कभी नहीं अलसातीं चिड़ियाँ!
दिन भर धूम मचातीं चिड़ियाँ!
पेड़ों में इठलाती चिड़ियाँ!
पत्तों में छिप जातीं चिड़ियाँ!

पिंजड़े से घबड़ातीं चिड़ियाँ!
बन में मौज उड़ातीं चिड़ियाँ!
आज़ादी अपनातीं चिड़ियाँ!
चह चूँ चह चूँ गातीं चिड़ियाँ!

फुदुक फुदुककर आतीं चिड़ियाँ!
चूँ चूँ चूँ चूँ गातीं चिड़ियाँ!
फर फर पर फैलातीं चिड़ियाँ!
फुर फुर फुर उड़ जातीं चिड़ियाँ!

आँधी आई !

लड़ गये किवाड़ों से किवाड़,
घर घुस आये झंखाड़ झाड़।

है धूल आँख मुँह पर छाई,
आँधी आई! आँधी आई!

उल्टे छानी, उल्टे छप्पर।
टूटे खपरैलों के खप्पर।

खूँटे को तोड़ भगी गाई,
आँधी आई! आँधी आई!

हैं थाल गिरे पनाले में,
बर्फी पेड़े हैं नाले में।

भौंचक्का खड़ा है हलवाई,
आँधी आई! आँधी आई!

उड़ गये बजाजों के कपड़े,
पेड़ों पर जाकर अड़े गड़े !

किसने यह गड़बड़ फैलाई,
आँधी आई! आँधी आई !

उड़ गये किताबों के पन्ने;
पण्डित जी बैठे चौकन्ने !

सब भूल गई अब चतुराई,
आँधी आई! आँधी आई !

धोबी का गहदा छोड़ घाट,
भग चला पाँव में कसे खाट!

सब डरे कौन आफत ढाई,
आँधी आई! आँधी आई!

पानी आया

अररररररर पानी आया!
हररररररर पानी आया!!

बादल गरजे घड़ घड़ घड़ घड़,
बूँदें बरसीं तड़ तड़ तड़ तड़,
टीनें बोलीं भड़ भड़ भड़ भड़,

अजब शोर है जग में छाया!
अररररररर पानी आया!

बिजली चमकी चम चम चम चम,
भागो घर को धम धम धम धम,
बोलो हर हर बम बम बम बम,

झोंका खूब हवा का आया,
अररररररर पानी आया!

आया पानी

आया पानी, आया पानी,
घर को भाग चलो नँदरानी!

देखो लगीं घटायें घिरने,
बूँदें लगीं टपाटप गिरने!
बिजली लगी चमकने चमचम,
देखो आया पानी झमझम!

करो नहीं ज्यादा नादानी,
घर को भाग चलो नँदरानी!

अगर नहीं मानोगी कहना,
तुम्हें पड़ेगा तो दुख सहना!
जल में लथपथ हो जाओगी,
घर में भी पीटी जाओगी!

भूल जाओगी सब शैतानी!
घर को भाग चलो नँदरानी!

चन्दा मामा

निकले निकले चन्दा मामा,
उजले उजले चन्दा मामा।
न्यारे न्यारे चन्दा मामा,
प्यारे प्यारे चन्दा मामा।

चम चम चम चम चन्दा मामा,
दम दम दम दम चन्दा मामा।
घर आँगन में चन्दा मामा,
वन उपवन में चन्दा मामा।

जल में हँसते चन्दा मामा,
थल में हँसते चन्दा मामा।
नदी नहर में चन्दा मामा,
हर लहर में चन्दा मामा।

ओ हो सर्दी !

ओ हो सर्दी, ओ हो सर्दी!
घर से न कहीं निकला जाता,
सर्दी से बदन गला जाता,
पाँवों से नहीं चला जाता,

ओ हो सर्दी, ओ हो सर्दी!
है देह दबकती कँपती सी,
दाँतों में चिबुड़ी बँधती सी,
मुँह से निकली पड़ती सी-सी,

ओ हो सर्दी, ओ हो सर्दी!
चल रही हवा की सर-सर-सर,
कँप रहे अंग सब थर-थर-थर,
अब भूल गया बमबम हरहर,
ओ हो सर्दी, ओ हो सर्दी!

ठीक समय

ठीक समय पर नित उठ जाओ,
ठीक समय पर चलो नहाओ।

ठीक समय पर खाना खाओ,
ठीक समय पर पढ़ने जाओ।

ठीक समय पर मौज उड़ाओ,
ठीक समय पर गाना गाओ।

ठीक समय पर सब कर पाओ,
तो तुम बहुत बड़े कहलाओ।